SAMUEL BETSAYYAD

Der Messianische Torah-Kommentar

Ich werde meine Torah in ihr Inneres legen und werde sie auf ihr Herz schreiben.

(Jeremia 31, 33)

SAMUEL BETSAYYAD

Der Messianische Torah-Kommentar

Re Di Roma-Verlag

Bibliografische Information der Deutschen Nationalbibliothek:
Die Deutsche Nationalbibliothek verzeichnet diese Publikation in der Deutschen Nationalbibliografie; detaillierte bibliografische Daten sind im Internet über http://dnb.ddb.de abrufbar.

ISBN 978-3-86870-760-1

Bibelzitate: (rev.) Elberfelder Übersetzung

www.rediroma-verlag.de
6,95 Euro (D)

INHALTSVERZEICHNIS

VORWORT

✡✡✡

Noch ein Buch mit Auslegungen zum 1. Buch Mose? Aber meinem Freund und Bruder in Jeschua ist es gelungen in kurzen Passagen, die großes Interesse wecken, den biblischen Text für Anfänger und solche aufzubereiten, die den Wunsch haben die Heiligen Schriften (Altes und Neues Testament) aus jüdischer Sicht zu betrachten und zu verstehen. Darum empfehle ich den Messianischen Torah-Kommentar von Samuel Betsayyad.

Jeschua chai! - Jesus lebt!

Dimitri Gorin
Messianisch-Jüdischer Leiter
Bibelkreis Messianischer Juden Frankfurt a. M.

✡✡✡

Messianisch-Jüdischer Torah-Kommentar zum „Sefer Bereschit“

Torah-Kommentar #01

von Samuel Betsayyad

Wöchentlicher Torahabschnitt:

Bereschit – Im Anfang
1. Mose 1, 1 – 6, 8

++
++

Inhalt:

Die Bibel berichtet, dass Gott sprach und dass sich seine Worte manifestierten: Die Erschaffung von Himmel und Erde! Gott schuf den Menschen als Mann und Frau. Die Frau als Hilfe, nicht aber als Sklavin des Mannes (Luther übersetzte mit "Gehilfin"). Das interessante ist, dass die Bibel den "Sündenfall" des Menschen mit der "Lust für die Augen" begründet. Die Schlange stellte eine verführerische Frage und die Augen sahen die Frucht und begehrten die Frucht zu berühren und zu essen. Gott schickte Adam und Eva danach aus dem Garten Eden und Adam musste "im Schweiße seines Angesichtes" für ihren Lebensunterhalt arbeiten. Eva gebar unter Schmerzen Kinder, welche die (Erb-)Sünde (hebr.: yetzer hara) bereits in sich trugen. Kain tötete seinen Bruder Abel aus Hass – Kain, der erste Mörder in der Weltgeschichte!

Kommentar:

Im "Digitalen Zeitalter", in dem unsere Augen ständig von Bildern überflutet werden ist es schwierig sich nicht verführen zu lassen. In Anbetracht des Bilderverbots (2. Mose 20, 4) kann man sagen, dass, je mehr Bilder eine Gesellschaft produziert, sie um so gottloser ist! Eine Zusammenfassung des Torahabschnittes lesen wir in Jakobus 1, 15:

„Danach, wenn die Begierde empfangen hat, bringt sie Sünde hervor; die Sünde aber, wenn sie vollendet ist, gebiert den Tod."

Wir sollten uns stets vor Augen halten, dass Jeschua für uns durch den Tod gegangen ist. Wenn wir ihm nachfolgen, werden wir nach dem irdischen Tod ein ewiges Leben bei unserem Himmlischen Vater haben.

Jesus lebt! Jeschua chai!

++
++

Torah-Kommentar #02
von Samuel Betsayyad

Wöchentlicher Torahabschnitt:

Noach – Noah
1. Mose 6, 9 – 11, 32

++++++++++++++++++++++++++++++++++++++
++++++++++++++++++++++++++++++++++++++

Inhalt:

Wir lesen im heutigen Abschnitt die Geschichte über die Arche Noah, die Begebenheit des Turmbau zu Babels und zum Schluss über den Tod von Abrahams Vater Terach.

Kommentar:

"...und die Erde war erfüllt von Gewalttat" – Das ist der Grund, warum Gott die Erde "überflutete" und das Leben außerhalb der Arche vernichtete. Die Menschen waren verdorben und jeder suchte seinen eigenen Vorteil und "ging über Leichen". Ist es heute denn nicht auch so? Sollte Gott nicht auch unsere Welt deshalb vernichten? Gott-sei-Dank hatte Gott damals einen ewigen Bund mit "allem Fleisch" geschlossen und zum Zeichen den

Regenbogen in den Himmel gesetzt, ein Friedensbund mit dem Versprechen niemals mehr die Erde mit Wasser total zu überfluten. Gott sagte, dass der Mensch "böse von seiner Jugend an" ist, daher ist die Menschheit dazu verdammt immer wieder die gleichen Fehler zu machen. Dies alles schreit nach Erlösung von Sünde! Jeschua will uns Menschen von der Sünde (hebr.: yetzer hara) erlösen durch sein kostbares Blut. Der neue Bund (hebr.: brit chadasha) ist die Möglichkeit aus dem Teufelskreis der Sünde "Schritt für Schritt" heraus zu kommen. Die Nachfolge Jesu ist ein lebenslanger Prozess der Reinigung, der Heiligung, der Erlösung von falschen Gedanken und Taten.

Jeschua lehrt uns im "Vater unser", dass wir beten sollen: "...erlöse uns von dem Bösen"
Damit ist nicht nur gemeint, dass wir von der Bosheit anderer befreit werden, sondern vor allem erlöst werden von dem Bösen in uns selbst.

Gott-sei-Dank für seinen Sohn Jeschua HaMaschiach – unseren Erlöser Jesus Christus!

++++++++++++++++++++++++++++++++++++++
++++++++++++++++++++++++++++++++++++++

Torah-Kommentar #03

von Samuel Betsayyad

Wöchentlicher Torahabschnitt:

Lech Lecha – Zieh hin!
1. Mose 12, 1 – 17, 27

++++++++++++++++++++++++++++++++++++++
++++++++++++++++++++++++++++++++++++++

Inhalt:

Der heutige Torahabschnitt berichtet, dass Gott Abram sagte, dass er aus seiner Stadt Ur in Chaldäa in ein fernes Land gehen soll, dass er ihm zeigen wird. Als eine Hungersnot in Kanaan herrschte, ging er nach Ägypten. Abram gab seine Frau als seine Schwester aus, weil er Angst hatte, die Ägypter würden ihn töten um seine schöne Frau zu bekommen. Der Pharao wurde aber von Gott deswegen verflucht und Abram bekam nach "Verwandschaftklärung" seine Frau zurück. Sein Neffe Lot wird in einem Krieg entführt, aber Abram gelingt es ihn mit Waffengewalt zu befreien. Ein Priester & König mit Namen Melchisedek bewirtet Abram mit Brot und Wein und beglückwünscht ihn für seinen Sieg. Abram gibt ihm daraufhin den 10ten Teil der Kriegsbeute. Gott verspricht Abram, dass seine Nachkommen das Land Kanaan besitzen werden. Weil Sarah altersbedingt unfruchtbar ist, sagt diese, Abram soll mit Hagar (ihrer Magd) Nachkommen zeugen. Abram willigt ein und Ismael wird geboren. Gott macht einen Bund mit Abram, der von Gott nun den Namen Abraham bekommt. Er soll sich beschneiden und alle Nachkommen nach ihm sollen ebenfalls am 8. Tag nach der Geburt als Bundeszeichen beschnitten werden. Gott sagt, dass er seinen Bund nicht mit Ismael, sondern mit Isaak, dem zukünftigen Sohn von Abraham und Sara aufrichten wird.

Kommentar:

Abraham wird der "Vater des Glaubens" genannt. Paulus lehrt im Römerbrief (Kapitel 4), dass Abraham durch Glauben gerechtfertigt wurde und sagt, dass der Glaube an Jesus den Menschen ebenfalls vor Gott rechtfertigt. Wenn wir jedoch genau hinsehen, dann hat der Glaube Abrahams oder besser gesagt sein Vertrauen auf Gott eine Tat hervorgebracht als Konsequenz seines Glaubens. Abraham war nämlich gehorsam und packte seine Koffer und verließ mit der Familie seine Heimatstadt. Daher kann man sagen, dass der Glaube an Jesus ebenfalls eine Konsequenz aus dem Glauben hervorbringen muss. Jesus täglich nachzufolgen, "sein Kreuz auf sich zu nehmen" ist solch eine Tat, eine Konsequenz aus dem Glauben an ihn. Der Jakobusbrief sagt es in Kapitel 2, 17 deutlich:

"So ist auch der Glaube, wenn er keine Werke hat, in sich selbst tot."

So lasst uns Jeschua nachfolgen, nämlich das tun, was er uns aufgetragen hat!

Jesus lebt! Jeschua chai!

+++++++++++++++++++++++++++++++++++
+++++++++++++++++++++++++++++++++++

Torah-Kommentar #04

von Samuel Betsayyad

Wöchentlicher Torahabschnitt:

Wajera – Und er erschien
1. Mose 18, 1 – 22, 24

++++++++++++++++++++++++++++++++++++++
++++++++++++++++++++++++++++++++++++++

Inhalt:

Abraham wird besucht von drei Männern, die er bewirtet und die ihm verkünden, dass Gott Sodom und Gomorra vernichten wird. Abraham bittet Gott vergeblich um Gnade für Sodom. Sie gehen nach Sodom und geleiten Lot, den Neffen Abrahams, aus der Stadt. Lots Frau blickt trotz Verbot zurück und erstarrt zur Salzsäule. Lots Töchter geben ihrem Vater Wein zu trinken und begehen Inzucht und begründen dies mit "Männermangel". Moab und Ammon sind die Kinder, die daraus hervorgehen. Abraham begegnet Abimelech, dem König von Gerar und sagt, dass Sara seine Schwester sei. Gott spricht zu Abimelech im Traum und klärt ihn darüber auf. Gott sagt ihm, dass Abraham ein Prophet ist. Später machen Abimelech und Abraham einen Bund, besiegelt mit 7

Schaflämmern als Gabe. Isaak wird geboren und am 8. Tag beschnitten. Hagar und ihr Sohn werden wegen Streit mit Sara in die Wüste geschickt, aber Gott erbarmt sich über sie und ihren Sohn. Gott sagt deutlich, dass die Nachkommen Abrahams mit dem Namen Isaak in Verbindung stehen. Gott prüft Abraham. Er soll seinen Sohn Isaak auf dem Morija(berg) opfern. Als er kurz davor ist dies zu tun, schreitet Gott ein und zeigt ihm einen Widder, den Abraham dann stattdessen opfert. Gott segnet Abraham, weil er gehorsam war und verheißt ihm Nachkommen wie Sterne am Himmel.

Kommentar:

Abraham ist der "Vater der Gastfreundschaft". Er bewirtet seine Gäste, aber nicht mit kosherem Essen! Er reicht Kalbfleisch zusammen mit Milchrahm!!! (1. Mose 18, 8)
Als die Gäste Abrahams im Hause Lots waren, kamen die Männer von Sodom und forderten Lot auf, seine Gäste nach draussen zu schicken, damit sie "erkannt" (1. Mose 19, 5) werden. Diese biblische Umschreibung bedeutet Sexualverkehr. Daher kann man sagen, dass die Männer von Sodom homosexuell waren. Daher das Gericht über Sodom!
Die Söhne Moab und Ammon, die aus der Inzucht der Töchter Lots geboren wurden, werden im Laufe der Geschichte zu den Feinden Israels.

Wiederholt sagt Gott, dass der ewige Bund zwischen ihm und Abraham über Isaak geht (1. Mose 21, 12). Das bedeutet, dass das versprochene Land Kanaan den Nachkommen Isaaks zugesprochen wird und nicht den Nachkommen Ismaels.

Durch Jeschua HaMaschiach (Jesus der Messias) haben wir einen ewigen Bund mit Gott geschlossen und eine Verheißung bekommen. Der Bund ist besiegelt durch das Blut des Lammes und die Verheißung ist Ewiges Leben in der kommenden Welt (hebr.: olam haba).

Jesus lebt! Jeschua chai!

++
++

Torah-Kommentar #05

von Samuel Betsayyad

Wöchentlicher Torahabschnitt:

Chaje Sarah – Saras Lebensalter
1. Mose 23, 1 – 25, 18

++++++++++++++++++++++++++++++++++++
++++++++++++++++++++++++++++++++++++

Inhalt:

Der heutige Torahabschnitt berichtet, dass Sara, die Frau Abrahams, im Alter von 127 Jahren in Hebron stirbt. Abraham kauft eine Grabhöhle bei Machpela als Erbbesitz von dem Hetiter Efron für 400 Schekel Silber und begräbt dort seine Frau. Abraham beauftragt seinen Knecht, dass er eine Frau für seinen Sohn Isaak bei seiner Verwandschaft in der "Stadt Nahors" suchen soll. Der Knecht reist zu Abrahams Verwandten und sieht durch "göttliche Fügung" in Rebekka, eine Frau aus Abrahams Verwandtschaft, die zukünftige Ehefrau von Isaak. Der Knecht Abrahams beschenkt Rebekka und deren Familie und reist mit ihr zurück zu Abraham. Isaak nimmt sie zur Ehefrau. Abraham heiratet Ketura und hat mit ihr sechs Kinder.

Bevor Abraham stirbt, beschenkt er die Söhne seiner Nebenfrauen und schickt sie weg. Abraham lebte 175 Jahre. Isaak und Ismael begraben ihn in der Grabhöhle, in der auch schon Saras Leichnam liegt.

Kommentar:

Abraham ist ein kluger Mann. Er hat vor seinem Tod vieles noch "geregelt". Er hat eine Begräbnisstätte nicht nur für Sara als Erbbesitz gekauft, sondern auch für sich und andere direkte Nachkommen. Grundbesitz zu erwerben ist klug!

Abraham will eine Frau für seinen Sohn aus der Verwandschaft. Der Hintergedanke ist, dass sein Besitz "in der Familie" bleibt und dass der selbe Gott angebetet wird, den Abraham selbst angebetet hat, daher keine kanaanitische Frau. Abraham schickt die Söhne seiner Nebenfrauen weg, damit sie nicht mit den Söhnen der "Hauptfrauen" (Sara und Ketura) um das Erbe konkurrieren können. So will er Streit vermeiden.

Als Jeschua am Kreuz hing "regelte" er noch die Versorgung seiner Mutter. Jeschua sprach zu Maria "Siehe dein Sohn"und zu Johannes "Siehe dcine Mutter" (Johannes 19, 26-27) Der Text berichtet, dass "der Jünger" sie zu sich nahm, dass Maria von ihm versorgt wurde.

Das Vorsorgen für die Hinterbliebenen lernen wir von Abraham und von Jeschua selbst.

Jesus lebt! Jeschua chai!

+++
+++

Torah-Kommentar #06

von Samuel Betsayyad

Wöchentlicher Torahabschnitt:

Toledot – Geschlechtsregister
1. Mose 25, 19 – 28, 9

++
++

Inhalt:

Aus der Ehe zwischen Isaak und Rebekka enstehen zwei Söhne: Esau und Jakob. Esau wird ein Jäger und Jakob ein "gesitteter Mann, der bei den Zelten blieb". Als Esau eines Tages erschöpft von der Jagd kommt, ist er so hungrig, dass er seinem jüngeren Bruder sein Erstgeburtsrecht für ein Gericht mit roten Linsen verkauft.

Als eine Hungersnot kommt, zieht Isaak in ein Philistergebiet und wird sehr mächtig. Gegenüber Abimelech gibt er seine Frau Rebekka als seine Schwester aus. Er wird von dem König Abimelech vertrieben. Isaak lagert im Tal Gerar und gräbt einen Brunnen nach dem anderen und wird ständig vetrieben. Er gräbt die verstopften Brunnen seines Vaters Abraham wieder aus. Als die

Philister sehen, dass Gott Isaak gesegnet hat, machen sie einen "Nichtangriffspakt" mit Isaak durch einen Schwur.

Als Isaak alt geworden ist, will er seinen erstgeborenen Sohn Esau segnen. Jakob gibt sich als sein Bruder Esau aus und erschleicht sich den Erstgeburtssegen. Daraufhin will Esau seinen Bruder töten. Jakob flieht zur Verwandschaft seiner Mutter nach Haran in das Haus ihres Bruders Laban. Esau heiratet eine Tochter von Ismael, dem Bruder Isaaks.

Kommentar:

Es ist wirklich traurig, dass gewisse Verhaltensweisen "vererbt" werden. Isaak macht das gleiche wie sein Vater Abraham. Aus Angst gibt er seine Frau als Schwester aus, weil er um sein Leben fürchtet. Isaak ist ein ängstlicher Mann, der seine selbst gegrabenen Brunnen einfach aufgibt, anstatt für sein "Existenzrecht" zu kämpfen.

Sein Sohn Jakob war der Lieblingssohn seiner Mutter Rebekka. Er hörte auf ihre Stimme sich den Segen des Vaters mit Betrug zu erschleichen, jedoch wurde schon vor der Geburt prophezeit, dass der "Ältere dem Jüngeren dienen wird", genauso wie Isaak den Vorzug vor seinem älteren Bruder Ismael bekommen hat.

In den beiden geschilderten Fällen ist die "Frucht" der Angst eine Lüge.

Jeschua will uns aus der Gefangenschaft der Angst durch sein kostbares Blut befreien.

"Furcht ist nicht in der Liebe, sondern die vollkommene Liebe treibt die Furcht aus, denn die Furcht hat es mit Strafe zu tun. Wer sich aber fürchtet, ist nicht vollendet in der Liebe."
(1. Johannes 4, 18)

Jesus lebt! Jeschua chai!

+++++++++++++++++++++++++++++++++++++
+++++++++++++++++++++++++++++++++++++

Torah-Kommentar #07

von Samuel Betsayyad

Wöchentlicher Torahabschnitt:

Wajeze – Er zog aus
1. Mose 28, 10 – 32, 3

++
++

Inhalt:

Auf dem Weg nach Haran übernachtet Jakob an einem Ort mit Namen Lus. In der Nacht träumt er von der "Himmelsleiter" und nennt den Ort Bethel (Haus Gottes) und stellt einen Gedenkstein auf. In Haran angekommen geht er zu Laban, dem Bruder seiner Mutter und arbeitet für ihn. Er heiratet seine beiden Töchter Lea und Rahel, wobei er jedoch "in der Reihenfolge" getäuscht wurde.

Jakob zeugt mit Lea und Rahel, sowie deren Mägde Silpa und Bilha Nachkommen: Ruben, Simeon, Levi, Dan, Naftali, Gad, Asser, Issaschar, Sebulon, Dina und Joseph.

Jakob bekommt nach einem "Deal" mit Laban die Tiere, welche "gefleckt" und "gestreift" sind. Auf "wunderbarer Weise" werden solche Tiere häufiger geboren. Jakob will zurück zu seinem Vater Isaak und verlässt in einer "Nacht und Nebelaktion" mit seiner Herde, seinen Söhnen und seinen Frauen Haran. Laban ist erzürnt und jagt ihm nach und stellt ihn zur Rede. Gott befielt Laban dem Jakob nichts Böses anzutun. Laban und Jakob machen einen Bund, Laban küsst seine Töchter und deren Kinder segnet sie und geht zurück nach Haran.

Kommentar:

Zu Beginn seiner Reise nach Haran hat Jakob in der Nacht eine "himmlische Begegnung".
Er will dieses Erlebnis nicht vergessen und stellt deswegen einen Stein, der sein "Kopfkissen" gewesen ist, auf und gießt Öl darüber. Er nennt den Ort Bethel (Haus Gottes).

Wir nähern uns im Dezember dem jüdischen Fest Chanukah, das an die Wiedereinweihung des jüdischen Tempels in Jerusalem durch die Makkabäer erinnert. Der Jerusalemer Tempelberg, der Ort wo der Name des HERRN wohnt, ist in Verbindung zu sehen mit Jakobs Erlebnis in Bethel. Der Eckstein des Tempels ist das "Kopfkissen Jakobs", das Öl ist das Öl des Tempelleuchters und die "himmlische Begegnung" ist das Feuer der Gegenwart Gottes, welche an diesen Ort zurückkehren will.

Viele "Nachfolger Jesu" sehnen sich nach Erweckung, nach dem "Feuer der Gegenwart Gottes". Das Fundament dieser kommenden Erweckung in Israel ist der "Eckstein" Jeschua HaMaschiach (Jesus Christus) und das Öl ist die Salbung des Heiligen Geistes (hebr.: Ruach HaKodesch). Wir dürfen nie vergessen, woher wir gekommen sind, damit wir dorthin gelangen, wo Gott uns haben will!

Jesus lebt! Jeschua chai!

+++++++++++++++++++++++++++++++++++
+++++++++++++++++++++++++++++++++++

Torah-Kommentar #08

von Samuel Betsayyad

Wöchentlicher Torahabschnitt:

Wajischlach – Er schickte
1. Mose 32, 4 – 36, 43

++
++

Inhalt:

Jakob zieht Richtung Edom seinem Bruder Esau entgegen. Er möchte sich mit ihm versöhnen, hat aber Angst, dass Esau sich an ihm rächen will, da er sich den Segen von seinem Vater Isaak erschlich.

In der Nacht kämpft Jakob mit einem "Mann", der ihn nicht überwältigen konnte. Diese Person gab Jakob einen neuen Namen: ISRAEL

Jakob wurde von seinem Bruder Esau entgegen seinen Erwartungen herzlich empfangen und Jakob schenkte ihm als Versöhnungsgeschenk viele Tiere aus seiner Herde. Jakobs Tochter wird von einem Mann aus Sichem vergewaltigt und als Folge dessen begehen Jakobs Söhne Simeon und Levi einen "Ehrenmord" mit der Begründung: "Durfte er unsere Schwester wie eine Hure behandeln?" Gott spricht in Bethel zu Jakob, dass er ihm das Land geben wird, das er Abraham und seinen Nachkommen versprochen hat. Jakobs Frau Rahel stirbt nach der Geburt von Benjamin und wird in Bethlehem begraben. Isaak stirbt in Hebron im Alter von 180 Jahren. Esau und Jakob begraben ihn. Esau ist der Stammvater von Edom.

Kommentar:

Jakob bereute, dass er damals sich den Segen mit List erschlich und will sich mit seinem Bruder versöhnen und gibt von seinem Besitz seinem Bruder als Versöhnungsgeschenk.
Sein Bruder Esau war nicht "nachtragend" und versöhnte sich mit Ihm. Ich deute es als das erste "Yom Kippur" in der Geschichte des Volkes Israel.

Jakob bekommt den Namen ISRAEL. Es gibt verschiedene Übersetzungen, ich übersetze den Namen mit: Der, der mit Gott kämpft. Sowohl einen inneren Kampf gegen die Sünde (hebr.: yetzer hara) als auch einen Kampf gegen seine äußeren Feinde - mit Gottes Hilfe (hebr.: B'ezrat Hashem)!

Wenn man dich fragt welchen Gott du anbetest, so sage: Den Gott Abrahams, Isaaks und Israels!
(1. Könige 18, 36)

Der jüdische Messias, der Sohn des lebendigen Gottes ist unser Erlöser von dem inneren Feind (der Sünde) und unsere Hilfe gegen den äußeren Feind, dem Geist der Welt oder auch Zeitgeist genannt. Wir als Nachfolger Jesu sind Überwinder des Bösen, denn der in uns ist stärker als der, der in der Welt ist. (1. Johannes 4, 4) Ein täglicher innerer Kampf!

Jesus lebt! - Jeschua chai!

+++++++++++++++++++++++++++++++++++
+++++++++++++++++++++++++++++++++++

Torah-Kommentar #09

von Samuel Betsayyad

Wöchentlicher Torahabschnitt:

Wajeschew – Er wohnte
1. Mose 37, 1 – 40, 23

++++++++++++++++++++++++++++++++++++
++++++++++++++++++++++++++++++++++++

Inhalt:

Als Joseph 17 Jahre alt war, schenkte sein Vater Jakob ihm ein prächtiges Gewand, weil er ihn sehr liebte. Joseph träumte, dass die Getreidegarben seiner Brüder sich vor seiner Garbe verbeugten und dass Sonne, Mond und elf Sterne sich vor ihm verbeugen. Seine Brüder hassten ihn deshalb. Josephs Brüder warfen ihn in einen leeren Brunnen und verkauften ihn später an eine Karavane von Ismaelitern für 20 Schekel Silber. Sie tränkten Josephs Gewand mit Ziegenblut und zeigten dieses seinem Vater Jakob und sagten ein wildes Tier hätte Joseph getötet. Die Ismaeliter verkauften Joseph an einen ägyptischen Kämmerer des Pharao.

Juda, ein Bruder von Joseph, "schwängert" seine Schwiegertochter Tamar "aus Versehen", weil er sie für eine Prostituierte hielt.

Potifars Frau versucht Joseph sexuell zu verführen, ist jedoch nicht erfolgreich. Daraufhin bezichtigt sie Joseph der versuchten Vergewaltigung. Ihr Ehemann lässt Joseph ins "Gefängnis werfen".

Im Gefängnis deutet er die Träume von zwei Insassen. Der eine wird wieder als Mundschenk des Pharao eingesetzt, der andere gehängt. Der Mundschenk vergisst Joseph.

Kommentar:

Joseph und Jeschua haben viele Gemeinsamkeiten. Sie werden von ihren Brüdern gehasst, sie werden für Geld verkauft/verraten, sie werden erfolglos zur Sünde versucht, es werden falsche Dinge über sie behauptet, sie werden von der Staatsgewalt inhaftiert, sie prophezeien das Zukünftige und noch vieles mehr...

Diese Gemeinsamkeiten sind aus messianischer Sicht kein Zufall, sondern ein Beleg, dass Jeschua der jüdische Messias ist.

Die Rabbiner lehrten, dass es zwei Messiaspersonen gibt (Sacharja 4, 14). Maschiach ben Joseph und Maschiach ben David. Zuerst kommt der

"Sohn Josephs" als der leidende Messias, der als Schuldopfer für die Sünden seines Volkes stirbt (Jesaja 53), danach kommt er als der "Sohn Davids", der Israel von seinen äußeren Feinden erlöst. Die Geschichte über Joseph ist somit prophetisch auf Jesus zu deuten.

Jesus lebt! Jeschua chai!

++++++++++++++++++++++++++++++++++++
++++++++++++++++++++++++++++++++++++

Torah-Kommentar #10

von Samuel Betsayyad

Wöchentlicher Torahabschnitt:

Mikez – Nach Ablauf
1. Mose 41, 1 – 44, 17

+++
+++

Inhalt:

Der Pharao hat einen Traum von sieben hässlichen Kühen, die sieben fette Kühe fressen. Ebenso träumte er von sieben fetten Ähren, wobei die Ähren, die nachwachsen, vom Ostwind versengt wurden. Joseph deutete diesen Traum, nachdem er auf Hinweis des Mundschenks aus dem Kerker geholt wurde. Dieser Traum bedeutete, dass es eine Hungersnot geben würde, die sieben Jahre dauern sollte, wobei vorangehend sieben ertragreiche Jahre kommen würden. Der Pharao beauftragte Joseph die Getreidespeicher zu bauen und zu verwalten. Als die weltweite Hungersnot tatsächlich kam, reisten seine Brüder aus Kanaan heran, um Getreide zu kaufen. Joseph gibt sich seinen Brüdern nicht zu erkennen. Er fragt nach seinem Vater und erfährt von seinem jüngsten

Bruder Benjamin. Benjamin muss in Ägypten bleiben, weil in seinem Getreidesack der Kelch des Joseph gefunden wird, wobei dies so "eingefädelt" wurde.

Kommentar:

Ich deute dies prophetisch:

Die sieben Jahre der (geistlichen) Hungersnot ist die "Große Trübsal" (Daniel 9, 24-27), die über die ganze Erde kommen wird, wobei es zuvor eine große (geistliche) Ernte/Erweckung in Israel geben wird.

Jesus sagte: "Wir müssen die Werke dessen wirken, der mich gesandt hat, solange es Tag ist; es kommt die Nacht, da niemand wirken kann." (Johannes 9, 4)

Sei bereit! Jesus kommt bald!

+++++++++++++++++++++++++++++++++++++
+++++++++++++++++++++++++++++++++++++

Torah-Kommentar #11

von Samuel Betsayyad

Wöchentlicher Torahabschnitt:

Wajigasch – Er trat heran
1. Mose 44, 18 – 47, 27

++
++

Inhalt:

Joseph gibt sich seinen Brüdern zu erkennen und fällt ihnen weinend um den Hals. Er gibt ihnen verschiedene Geschenke mit und sagt ihnen, dass sie keine Angst haben sollen. Als seine Brüder ihrem Vater Jakob berichten, glaubt dieser ihnen nicht, als er aber die Wagen sieht, welche die Geschenke trugen, da "lebte der Geist ihres Vaters Jakob auf". Seine ganze Sippe von ca. 70 männlichen Personen kam nach Ägypten und sie bekamen das Gebiet "Goschen" zugeteilt dort zu wohnen und dort ihre Viehzucht zu betreiben. Jakob sagt zu Joseph, dass er nun in Frieden sterben kann. Jakob wird vor den Pharao gerufen und Jakob segnet ihn.

Kommentar:

Wenn man Joseph als den jüdischen Messias deutet, dann wissen wir, dass Jeschua HaMaschiach sich seinen Brüdern zu erkennen geben wird. Seine Brüder hätten ihn niemals als ihren Bruder erkennen können. Es liegt also nicht an uns, dass Israel seinen Messias erkennt, sondern der Messias selbst wird sich seinem Volk zu erkennen geben.
Wir können ihnen zwar den Weg zeigen und für sie beten, aber Offenbarung kann nur von Gott zu Mensch erfolgen.

Jakob segnet den Pharao. Der vermeintlich Schwache segnet den Starken. Jakob hatte die Autorität von Joseph bekommen, da dieser der zweite Mann im Staat Ägypten war. So haben auch wir Autorität durch Jeschua bekommen vor Königen und Richtern zu stehen und sie "im Namen Jesu" zu segnen.

Jesus lebt! Jeschua chai!

++++++++++++++++++++++++++++++++++++
++++++++++++++++++++++++++++++++++++

Torah-Kommentar #12

von Samuel Betsayyad

Wöchentlicher Torahabschnitt:

Wajechi – Er lebte
1. Mose 47, 28 – 50, 26

++++++++++++++++++++++++++++++++++++
++++++++++++++++++++++++++++++++++++

Inhalt:

Jakob merkt, dass er bald sterben wird und lässt seinen Sohn Joseph schwören, dass er ihn in Kanaan in der Höhle von Machpela, die Abraham als Erbbesitz kaufte, begraben soll. Jakob segnet die Söhne Josephs, nämlich Manasse und Ephraim, wobei er den jüngeren Ephraim besonders segnet. Jakob segnet seine eigenen Söhne. Jakob stirbt und wird 40 Tage lang einbalsamiert. Jakob wird auf seinen Wunsch hin in Hebron begraben. Josephs Brüder haben Angst, dass er sich nun an ihnen dafür rächt, dass sie ihn damals als Sklaven an die Ismaeliter verkauften, aber Joseph sagt ihnen, dass sie nichts zu befürchten haben, da Gott dadurch ihn und seine Familie gesegnet hat. Joseph sagt, dass Gott Israel aus Ägypten heraus führen wird. Als Joseph 110 Jahre alt ist, lässt er die "Söhne Israels" schwören, dass sie ihn ebenfalls in Kanaan in der Höhle von Machpela begraben sollen.

Kommentar:

Am Ende des 1. Buch Mose (lat.: Genesis, hebr.: Bereschit) ist der Tod von Jakob und der Tod seines Sohnes Josephs beschrieben. Im Prinzip schließt sich hier ein Kreis, der in Hebron in Gestalt der "Höhle von Machpela" genannt wird.

Bevor Joseph stirbt prophezeit er, dass Gott das Volk Israel aus Ägypten herausführen wird (1. Mose 50, 24). Er gibt seinen Brüdern eine Vision für die Zukunft. Somit endet der erste Teil der Torah mit einer Hoffnung.

Jeschua HaMaschiach (Jesus Christus) gab auch uns eine Hoffnung, bevor er zu seinem Vater zurückkehrte. Jesus sagte: "Der Beistand aber, der Heilige Geist, den der Vater senden wird in meinem Namen, der wird euch alles lehren und euch an alles erinnern, was ich euch gesagt habe." (Johannes 14, 26)

Jesus lebt! Jeschua chai!

++++++++++++++++++++++++++++++++++++
++++++++++++++++++++++++++++++++++++

BIBELZITATE

2. Mose 20, 4

Du sollst dir kein Götterbild machen, auch keinerlei Abbild dessen, was oben im Himmel oder was unten auf der Erde oder was im Wasser unter der Erde ist.

Jakobus 1, 15

Danach, wenn die Begierde empfangen hat, bringt sie Sünde hervor; die Sünde aber, wenn sie vollendet ist, gebiert den Tod.

Römerbrief 4

Was wollen wir denn sagen, hat Abraham, unser Vorfahr dem Fleische nach, gefunden? Denn wenn Abraham aus Werken gerechtfertigt worden ist, so hat er etwas zum Rühmen, aber nicht vor Gott. Denn was sagt die Schrift? "Abraham aber glaubte Gott, und es wurde ihm zur Gerechtigkeit gerechnet." Dem aber, der Werke tut, wird der Lohn nicht angerechnet nach Gnade, sondern nach Schuldigkeit. Dem dagegen, der nicht Werke tut, sondern an den glaubt, der den Gottlosen rechtfertigt, wird sein Glaube zur Gerechtigkeit gerechnet, wie auch David die Seligpreisung des Menschen ausspricht, dem Gott Gerechtigkeit ohne Werke zurechnet: "Glückselig die, deren Gesetzlosigkeiten vergeben und deren Sünden bedeckt sind! Glückselig der Mann, dem der Herr Sünde nicht zurechnet!" Bezieht sich diese Seligpreisung nun auf die Beschneidung oder auch auf das Unbeschnittensein? Denn wir sagen, dass der Glaube dem Abraham zur Gerechtigkeit gerechnet worden ist. Wie wurde er ihm denn zugerechnet? Als er beschnitten oder unbeschnitten war? Nicht in der Beschneidung, sondern in dem Unbeschnittensein. Und er empfing das Zeichen der Beschneidung als Siegel der Gerechtigkeit des Glaubens, den er hatte, als er unbeschnitten war, damit er Vater aller sei, die im Unbeschnittensein glauben, damit ihnen die Gerechtigkeit zugerechnet werde; und Vater der Beschneidung, nicht allein derer, die aus der Beschneidung sind, sondern auch derer, die in den Fußspuren des Glaubens wandeln, den unser Vater Abraham hatte, als er unbeschnitten war. Denn nicht durchs Gesetz wurde Abraham oder seiner Nachkommenschaft die Verheißung zuteil, dass er der Welt Erbe sein sollte, sondern durch Glaubensgerechtigkeit. Wenn nämlich die vom Gesetz Erben sind, so ist der Glaube zunichte gemacht und die Verheißung aufgehoben. Denn das Gesetz bewirkt Zorn; aber wo kein Gesetz ist, da ist auch keine Übertretung. Darum ist es aus Glauben, dass es nach Gnade gehe, damit die Verheißung der ganzen Nachkommenschaft sicher sei, nicht allein der vom Gesetz, sondern auch der vom Glauben Abrahams, der unser aller Vater ist - wie geschrieben steht: "Ich habe dich zum Vater vieler Nationen gesetzt" -, vor dem Gott, dem er glaubte, der die Toten lebendig macht und das

Nichtseiende ruft, wie wenn es da wäre; der gegen Hoffnung auf Hoffnung hin geglaubt hat, damit er ein Vater vieler Nationen werde, nach dem, was gesagt ist: "So soll deine Nachkommenschaft sein." Und nicht schwach im Glauben, sah er seinen eigenen, schon erstorbenen Leib an, da er fast hundert Jahre alt war, und das Absterben des Mutterleibes der Sara und zweifelte nicht durch Unglauben an der Verheißung Gottes, sondern wurde gestärkt im Glauben, weil er Gott die Ehre gab. Und er war völlig gewiss, dass er, was er verheißen habe, auch zu tun vermöge. Darum ist es ihm auch zur Gerechtigkeit gerechnet worden. Es ist aber nicht allein seinetwegen geschrieben, dass es ihm zugerechnet worden ist, sondern auch unsertwegen, denen es zugerechnet werden soll, die wir an den glauben, der Jesus, unseren Herrn, aus den Toten auferweckt hat, der unserer Übertretungen wegen dahingegeben und unserer Rechtfertigung wegen auferweckt worden ist.

Jakobus 2, 17
So ist auch der Glaube, wenn er keine Werke hat, in sich selbst tot.

1. Mose 18, 8
Und er holte Rahm und Milch und das Kalb, das er zubereitet hatte, und setzte es ihnen vor; und er stand vor ihnen unter dem Baum, und sie aßen.

1. Mose 19, 5
Und sie riefen nach Lot und sagten zu ihm: Wo sind die Männer, die diese Nacht zu dir gekommen sind? Führe sie zu uns heraus, dass wir sie erkennen!

1. Mose 21, 12
Aber Gott sprach zu Abraham: Lass es nicht übel sein in deinen Augen, wegen des Jungen und wegen deiner Magd; in allem, was Sara zu dir sagt, höre auf ihre Stimme! Denn nach Isaak soll dir die Nachkommenschaft genannt werden.

Johannes 19, 26-27
Als nun Jesus die Mutter sah und den Jünger, den er liebte, dabeistehen, spricht er zu seiner Mutter: Frau, siehe, dein Sohn! Dann spricht er zu dem Jünger: Siehe, deine Mutter! Und von jener Stunde an nahm der Jünger sie zu sich.

1. Johannes 4, 18
Furcht ist nicht in der Liebe, sondern die vollkommene Liebe treibt die Furcht aus, denn die Furcht hat es mit Strafe zu tun. Wer sich aber fürchtet, ist nicht vollendet in der Liebe.

1. Könige 18, 36
Und es geschah zur Zeit, da man das Speisopfer opfert, da trat der Prophet Elia herzu und sprach: HERR, Gott Abrahams, Isaaks und Israels! Heute

soll man erkennen, dass du Gott in Israel bist und ich dein Knecht und dass ich nach deinem Wort das alles getan habe.

1. Johannes 4, 4
Ihr seid aus Gott, Kinder, und habt sie überwunden, weil der, welcher in euch ist, größer ist als der, welcher in der Welt ist.

Sacharja 4, 14
Da sprach er: Dies sind die beiden Gesalbten, die bei dem Herrn der ganzen Erde stehen.

Jesaja 53
Wer hat unserer Verkündigung geglaubt? An wem ist der Arm des HERRN offenbar geworden? Er ist wie ein Trieb vor ihm aufgeschossen und wie ein Wurzelspross aus dürrem Erdreich. Er hatte keine Gestalt und keine Pracht. Und als wir ihn sahen, da hatte er kein Aussehen, dass wir Gefallen an ihm gefunden hätten. Er war verachtet und von den Menschen verlassen, ein Mann der Schmerzen und mit Leiden vertraut, wie einer, vor dem man das Gesicht verbirgt. Er war verachtet, und wir haben ihn nicht geachtet. Jedoch unsere Leiden - er hat sie getragen, und unsere Schmerzen - er hat sie auf sich geladen. Wir aber, wir hielten ihn für bestraft, von Gott geschlagen und niedergebeugt. Doch er war durchbohrt um unserer Vergehen willen, zerschlagen um unserer Sünden willen. Die Strafe lag auf ihm zu unserm

Frieden, und durch seine Striemen ist uns Heilung geworden. Wir alle irrten umher wie Schafe, wir wandten uns jeder auf seinen eigenen Weg; aber der HERR ließ ihn treffen unser aller Schuld. Er wurde misshandelt, aber er beugte sich und tat seinen Mund nicht auf wie das Lamm, das zur Schlachtung geführt wird und wie ein Schaf, das stumm ist vor seinen Scherern; und er tat seinen Mund nicht auf. Aus Bedrängnis und Gericht wurde er hinweggenommen. Und wer wird über seine Generation nachsinnen? Denn er wurde abgeschnitten vom Lande der Lebendigen. Wegen des Vergehens seines Volkes hat ihn Strafe getroffen. Und man gab ihm bei Gottlosen sein Grab, aber bei einem Reichen ist er gewesen in seinem Tod, weil er kein Unrecht begangen hat und kein Trug in seinem Mund gewesen ist. Doch dem HERRN gefiel es, ihn zu zerschlagen. Er hat ihn leiden lassen. Wenn er sein Leben als Schuldopfer eingesetzt hat, wird er Nachkommen sehen, er wird seine Tage verlängern. Und was dem HERRN gefällt, wird durch seine Hand gelingen. Um der Mühsal seiner Seele willen wird er Frucht sehen, er wird sich sättigen. Durch seine Erkenntnis wird der Gerechte, mein Knecht, den Vielen zur Gerechtigkeit verhelfen, und ihre Sünden wird er sich selbst aufladen. Darum werde ich ihm Anteil geben unter den Großen, und mit Gewaltigen wird er die Beute teilen: dafür, dass er seine Seele ausgeschüttet hat in den Tod und sich zu den Verbrechern zählen ließ. Er aber hat die Sünde vieler getragen und für die Verbrecher Fürbitte getan.

Daniel 9, 24-27

Siebzig Wochen sind über dein Volk und über deine heilige Stadt bestimmt, um das Verbrechen zum Abschluss zu bringen und den Sünden ein Ende zu machen und die Schuld zu sühnen und eine ewige Gerechtigkeit einzuführen und Vision und Propheten zu versiegeln und ein Allerheiligstes zu salben. So sollst du denn erkennen und verstehen: Von dem Zeitpunkt an, als das Wort erging, Jerusalem wiederherzustellen und zu bauen, bis zu einem Gesalbten, einem Fürsten, sind es sieben Wochen. Und 62 Wochen lang werden Platz und Stadtgraben wiederhergestellt und gebaut sein, und zwar in der Bedrängnis der Zeiten. Und nach den 62 Wochen wird ein Gesalbter ausgerottet werden und wird keine Hilfe finden. Und das Volk eines kommenden Fürsten wird die Stadt und das Heiligtum zerstören, und sein Ende ist in einer Überflutung; und bis zum Ende ist Krieg, fest beschlossene Verwüstungen. Und stark machen wird er einen Bund für die Vielen, eine Woche lang; und zur Hälfte der Woche wird er Schlachtopfer und Speisopfer aufhören lassen. Und auf dem Flügel von Gräueln kommt ein Verwüster, bis fest beschlossene Vernichtung über den Verwüster ausgegossen wird.

Johannes 9, 4
Wir müssen die Werke dessen wirken, der mich gesandt hat, solange es Tag ist; es kommt die Nacht, da niemand wirken kann.

1. Mose 50, 24
Und Josef sagte zu seinen Brüdern: Ich sterbe nun; Gott aber wird euch heimsuchen und euch aus diesem Land hinaufführen in das Land, das er Abraham, Isaak und Jakob zugeschworen hat.

Johannes 14, 26
Der Beistand aber, der Heilige Geist, den der Vater senden wird in meinem Namen, der wird euch alles lehren und euch an alles erinnern, was ich euch gesagt habe.

✡✡✡